Guillermo Lousteau Heguy

El devenir de la democracia en América

Discurso de incorporación
del doctor Guillermo Lousteau Heguy
como Académico a la Real Academia
Hispanoamericana de Artes y Ciencias

THE DEMOCRACY PAPER
No. 12

ISBN: 978-1539425151

Design: Kiko Arocha
www.alexlib.com

Fondo Editorial
Interamercian Institute for Democracy
2100 Coral Way. Ste. 500
Miami, FL 33145
U.S.A.
Tel: (786) 507-5214
Fax: (786) 507-5218
www.intdemocratic.org
iid@intdemocratic.org

ÍNDICE

PRÓLOGO. 7

PRESENTACIÓN DEL ILMO. DOCTOR
GUILLERMO LOUSTEAU HEGUY 11

INTRODUCCIÓN 21

EL DEVENIR DE LA DEMOCRACIA
EN AMÉRICA LATINA. 25

ANEXOS. 61

CARTA DEL NOMBRAMIENTO 63

FOTOS DEL EVENTO 65

SEMBLANZA DE LA ACADEMIA. 67

PRÓLOGO

El merecido ingreso del Dr. Guillermo Lousteau Heguy a la Real Academia Hispano Americana, ha brindado la oportunidad al mundo académico, político y social de las Américas y Europa, para conocer sus importantes reflexiones teóricas sobre la democracia. Su trabajo titulado "El devenir de la democracia en América Latina" que el Interamerican Intitute for Democracy se honra en publicar, es un significativo aporte al análisis académico de los procesos políticos que encara la región.

El abordaje del tema se realiza a través del "malestar de la democracia" y nos presenta el problema de diferenciar una democracia de un sistema que no lo es, o ha dejado de serlo. El Profesor Lousteau apunta que "parte del malestar de la democracia, está dado por la aparición de países que alegan ser democráticos, pero cuyas características plantean grandes desafíos al análisis de los sistemas políticos". para luego reconocer que "identificar a una democracia – o por el contrario, a una no-democracia- excede el mero ámbito académico y tiene importantes consecuencias políticas y sociales".

Luego de un desarrollo importante a partir de las dificultades del lenguaje cuando se habla de democracia, analiza los problemas de comprensión de los temas en conflicto para estudiar la "definición de democracia" a la que considera un problema no resuelto. Tiene razón el Dr. Lousteau en cuanto a la conceptualización de democracia, porque tan difícil o conflictivo ha resultado definir la democracia que la Carta Democrática Interamericana en lugar de aportar un concepto sobre democracia ha escogido el adecuado camino de enunciar sus elementos esenciales.

Devenir en cuanto a "realidad como proceso o cambio continuo" es el desafío que plantea el trabajo que ahora presentamos. Se trata de planteamientos académicos aplicables a la realidad política, de análisis y reflexiones inteligentes y honestas sobre un tema que se ha tornado conflictivo porque en el ámbito de la política pueden existir tantos puntos de vista como intereses se trate de defender y tantas intenciones de mostrarse o presentarse como democracia como violaciones a los derechos humanos, al estado de derecho, a la división e independencia de los órganos del poder público, a la libertad de prensa o a la transparencia electoral se comentan.

Guillermo Lousteau es una de las mentes mas notables y preparadas en el análisis de las instituciones, de los conceptos políticos y sociales. Se trata de un académico cosmopolita, un argentino de mundo, un latinoamericano que ha estudiado, vivido y enseñado tanto en Latinoamérica como en los Estados Unidos. Su extensa y fructífera carrera, sus clases, ensayos, libros, comentarios y conferencias le han otorgado –entre otros honores- el merecido reconocimiento de la Real Academia Hispano Americana. Ha sido Presidente del Interamerican Instistitute for Democracy brindando un aporte vital e inovidable y hoy nos honra como miembro del Consejo Consultivo y Director.

La serie "Democracy Papers" del Interamerican Institute for Democracy es una de las valiosas ideas y aportes que Guillermo Lousteau ha legado a la Institución, cuyo Fondo Editorial publica ensayos y trabajos importantes para la promoción y defensa de la libertad, la democracia, los derechos humanos y la institucionalidad en las Américas. La publicación de este trabajo representa el reconocimiento del talento y la creatividad de nuestro distinguido Profesor.

Para tratar el tema de democracia siempre fue importante leer a Guillermo Lousteau, pero para abordar la cuestión en América Latina es ahora imprescindible conocer "El devenir de la democracia".

Septiembre 2016
Carlos Sánchez Berzain
Director Interamerican Institute for Democracy

PRESENTACIÓN DEL ILMO. DOCTOR GUILLERMO LOUSTEAU HEGUY

A cargo del Ilmo. D. Enrique García-Agulló Orduña, vicedirector de la Junta de Gobierno

Excmo. Sr. Director de esta Real Academia Hispano
   Americana de las Ciencias, Artes y Letras
Excmas. e Ilmas. Autoridades
Excmos. e Ilmos. Sres. Académicos
Ilmo. Sr. D. Guillermo Lousteau Heguy
Señoras y Señores:

Hasta muy pocos años después de cuando se conmemorara el Primer Centenario de aquellas gloriosas Cortes Generales y Extraordinarias que tuvieron lugar en nuestra ciudad desde 1811 a 1813, prácticamente todos los nuevos pueblos americanos tenían aquí aún representación consular, como es fácil recordar en una de las cuatro fachadas del monumento que en Cádiz se erigiera a su insigne hijo y Presidente que fuera del Poder Ejecutivo de la I República española, D. Emilio Castelar.

Siempre presente la República Argentina hasta hoy, año de gracia de dos mil dieciséis, en el que por su generosidad, mantiene en nuestra ciudad su Consulado General en la calle Rivadabia, precisamente en la finca donde falleciera el ilustre prócer que a calle y casa da su nombre en memoria de aquel Presidente que acabó su vida precisamente aquí, lo cual hace que en Cádiz siga ondeando a nuestros vientos tantos y tantos años el pabellón argentino. Dicen que la Avenida bonaerense Presidente Rivadavia, que nace en la histórica Plaza de Mayo, es la más larga de la capital argentina y, aquí, lo que son los contrastes, da nombre a la calle que quizás sea la más corta de la ciudad de Cádiz, aunque también hay que decir en sus méritos, que da cara esa calle a una de nuestras plazas más preciadas, la Plaza de San Antonio, antigua Plaza de Armas, donde se encuentra con la calle Buenos Aires y a lo que fuera el Café de Apolo, "las Cortes chicas", que en aquellos gloriosos años de la Constitución sirviera de centro de reunión y tertulias para los liberales constituyentes.

Igualmente Cádiz tiene el honor de albergar entre sus monumentos uno, de majestuoso porte, que recuerda la presencia entre nosotros del glorioso General San Martín, amén de que aquí, día por día, tenemos reflejados prácticamente cada día del año en las olas que llegan a nuestras orillas desde nuestra Bahía o desde la Mar Océana, la Mar del Poniente, así como en el cielo que a veces nos cubre con sus blancas nubes, esos bellos colores, los colores blanco y celeste de su insignia nacional con un sol radiante y brillante como el que a los gaditanos nos acompaña cada día en su recorrido de nuestro levante local hacia La Caleta, el que marca el rumbo a las naves para todos los que quieran navegar hacia aquellas feraces tierras americanas.

Blanco, celeste y amarillo de sol son los colores a los que los gaditanos estamos tan acostumbrados de ver y tener tan presentes entre nosotros que, incluso pegadito muy cerca de aquí, a la salida de ese magnífico edificio en el que nos encontramos, antaño Aduana Real y sede que fuera de la Regencia durante aquellos años de Las Cortes, se topa con la Avenida de la República Argentina, ahí mismito, a nuestra vera.

Yo me eduqué en un colegio que también tenía en su bandera estos mismos colores, color de luz y esperanza, color de cielo y de mar, tal como rezaba su Himno, los colores que hoy acompañan en sus corazones a nuestro Recipiendario, el Ilustrísimo Sr. Dr. D. Guillermo Lousteau y Heguy.

Bienvenido sea nuestro nuevo Académico en esta ciudad que nació del hondón del Mar Mediterráneo gracias a aquellos valerosos navegantes fenicios, que con el transcurso del tiempo y los avatares de la política se hizo pocos siglos después cartaginesa y, de inmediato, romana y que, tras el descubrimiento del Nuevo Mundo se tornó en entregada enamorada de todo lo que huela, suene y palpite como americano. Ésta es su casa y con mucho gusto se la volvemos a ofrecer como durante tantos años, en tantos viajes de ida y vuelta, se les ha venido ofreciendo a todos los argentinos y a todos los americanos y filipinos que a Cádiz fueron viniendo, como sabemos todos que tantos y tantos gaditanos y españoles que a la Argentina fueron y allí casa encontraron y, muchos de ellos, quedándose algunos en su hospitalaria nación tal como le pasara a nuestro insigne paisano y eminente músico, el compositor universal Manuel de Falla.

La Real Academia Hispano Americana de Ciencias, Artes y Letras es una Corporación de Derecho Público de ámbito nacional y dependencia orgánica del Ministerio de Asuntos Exteriores, con sede en Cádiz que, como saben todos ustedes, tiene como principal función, con fidelidad al objetivo fundacional que en 1909 le interesó S. M. El Rey D. Alfonso XIII, (q.S.G.g.), la promoción de los lazos culturales entre España y las naciones hermanas de Hispanoamérica.

Hoy vuelve a cumplirse uno de los hitos que en 1911 se le encomendara al recibir en su seno al Ilustrísimo Dr. D. Guillermo Lousteau Heguy.

Conozcamos mejor a nuestro Recipiendario.
El Dr. Lousteau, nació el 11 de septiembre de 1934 en la ciudad de Buenos Aires donde cursó sus estudios en el Liceo Naval Militar Guillermo Brown, graduándose en Derecho en 1960 por la Universidad de Buenos Aires en la que obtuvo su título de Doctor.

En su currículo universitario merece ser invocada su Licenciatura en Filosofía obtenida en la Facultad de Filosofía y Letras de la misma Universidad así como su Maestría en Derecho Corporativo recibida en la Universidad Católica Argentina, su paso por la Academia de Derecho Internacional y Derecho Comparado de la Universidad Metodista de Dallas del estado norteamericano de Tejas en 1965 o su estancia en la Universidad Nacional de Santiago de Chile durante los años 1961 y 1962.

Igualmente, más allá de la docencia, tuvo importantes cargos de responsabilidad universitaria como titular que fuera del Decanato de la Facultad de Ciencias Políticas de la Universidad John F. Kennedy de Buenos Aires, Rector de la Universidad argentina del Neuquén o su pertenencia al Consejo Directivo de la Facultad de Derecho de la tan citada Universidad de Buenos Aires, entre otros, y entre los que merecerían ser citados el Consejo Asesor del Multicultural Training de la Florida International University, el Consejo Académico de la Fundación del Banco de Boston al que pertenece o la dirección ejercida del Master en Ciencias Políticas de la citada Universidad Internacional de Florida.

Ha sido Profesor de Derecho Constitucional en la Universidad Católica Argentina y titular de Derecho Público en la Universidad de Buenos Aires así como de Historia de América en la del Salvador.

Además ha ejercido la docencia en la Pontificia de Salamanca donde impartiera sus conocimientos en el Master en Asesoramiento e Imagen y Consultoría Política y su carrera académica le ha llevado a ser Profesor invitado en las Universidades George Washington, Alcalá de Henares o la Católica de Chile. En 2005 creó y dirigió la primera Maestría en Ciencias Políticas dictada totalmente en español en la Universidad Internacional de Florida.

Autor de diversas publicaciones ha dictado alrededor de 300 conferencias entre los Estados Unidos de América, demás naciones hispanas del continente americano o en esta vieja Europa, y de entre sus trabajos editados merece la pena pararnos en algunos de ellos para conocimiento de todos ustedes, tal que:

"Los cimientos filosóficos del constitucionalismo americano", IID Publishing House.

"Democracia y control de constitucionalidad", Editorial Dunken, de Buenos Aires.

"El pensamiento político hispanoamericano" con singulares estudios en varios tomos sobre Francisco Suárez,

Alberdi-Sarmiento, Donoso Cortés, Francisco de Vitoria, Rodó-Zorrilla de San Martín o Primo de Rivera, Editorial Depalma con el auspicio del Instituto de Cultura Hispánica de Madrid..

El Profesor Lousteau, además de su condición de Columnista del Diario Las Américas, de Miami, es autor de otros numerosos trabajos, ensayos y artículos de notoria profundidad que han visto la luz en las más severas publicaciones del mundo del Derecho de entre los que destacaré algunos de ellos a título enunciativo comenzando en este *"cursus laborum"* por los que se basan en estudios generalizados del pensamiento y de la política:

"Nuevos aportes para una bibliografía de la Revolución de Mayo" editado en la Revista de Estudios Americanos.

"Nueva visión de la emancipación hispanoamericana", editado por la Embajada argentina en España.

"El nuevo sistema constitucional argentino".

"La revolución argentina", Editorial de Palma.

"The new constitutional Governement in Argentina", en Cuadernos Hispanoamericanos de Estudios Políticos.

"Política y legislación Ultramarina en el Portugal africano", en la Revista Jurisprudencia Argentina.

"Reading Locke: The difficulties of de Second Treatise".

"The political Philosophy of Edmund Burke".

"Las dificultades del Segundo Tratado", presentado a las I Jornadas de Filosofía Moderna celebradas en la Universidad de Buenos Aires.

O los que, impregnados en su natural condición de jurista, citaré como:

"Condena de intereses por litigar sin razón valedera", La Ley.

"El nombramiento de jueces sin acuerdo previo", íd.

"Aspectos constitucionales de la condena de intereses", íd.

"La independencia del poder judicial", El Cronista Comercial.

Y, finalmente, que no por completar la total expansión de estas tareas suyas, recordar algunos de los que se refieren al mundo universitario y académico al que pertenece:

"Hacia la nueva Universidad", Neuquen 1968.

"El rol de la Universidad en el desarrollo regional", para la fundación Bariloche.

En cuanto a su presencia en Asociaciones, Sociedades Institutos y Academias, el Ilustrísimo Sr. D. Guillermo Lousteau es miembro de diversas entidades corporativas tales como:

La Academia del Plata.

La Asociación Argentina de Ciencias Políticas.

La Asociación Americana de Ciencias Políticas.

La Asociación Internacional de Ciencias Políticas.

La Asociación Hispanoamericana de Historia.

La Asociación de Estudios Latinoamericanos.

La Sociedad Mont Pelerin.

La Academia Paraguaya de la Historia.

El Centro Cultural de Miami, del que es Presidente o

El Instituto Interamericano para la Democracia, del que ha sido igualmente Presidente y en la actualidad es miembro de su Consejo Consultivo y Director.

Naturalmente, dada su condición de jurista, pertenece al Colegio de Abogados de Buenos Aires así como a la Interamerican Bar Association donde fuera Presidente del Comité "Legal aspects of Development and Integration".

En la vida pública ha sido Asesor del Ministro de Relaciones Exteriores y Culto de la República Argentina durante los años 1961 y 1962, fue Secretario de Turismo en su país entre los años 1981 y 1982, Jefe de la Delegación argentina a la Asamblea General de la Organización Mundial del Turismo y hoy pertenece al Círculo de Ex Ministros y Secretario del Poder Ejecutivo Nacional, actividad que, a lo que se ve, han heredado sus hijos Martín y Maria siendo el primero Diputado nacional y Ministro de Economía en el Gabinete de la Presidenta Fernández y, la segunda, Defensora Oficial del Ministerio Público de la ciudad de Buenos Aires.

Nuestro nuevo Académico se encuentra en posesión de diversas distinciones oficiales como la Medalla al Mérito Turístico, la Gran Cruz de Isabel La Católica que le otorgara el Gobierno español, al tiempo que es Caballero de la Orden de Corpus Christi, de Toledo, Caballero de la Orden del Cardenal Cisneros y Miembro del Instituto de Cultura Hispánica.

Yo conocí al Dr. Lousteau hace ya algunos años cuando, siendo yo Primer Teniente de Alcalde de la ciudad o, quizás, actuando ya como Coordinador para la Oficina del Comisariado para el Bicentenario de la Constitución de 1812, vino desde Miami para acompañarnos en uno de Aquellos simposios que organizábamos con la Unión Latina en torno al constitucionalismo doceañista, una magnífica Institución a la que la crisis económica se llevó y que, al amparo de la Unesco en París, aglutinaba a tantos intelectuales movidos por un lengua de origen común, el latín y que sentían, debatían o concluían sus labores en torno a las ideas y a nuestros pueblos. En la Unión Latina nos encontrábamos lusoparlantes de Europa, África o América, al igual que francoparlantes de todos los continentes, rumanos o italianos y, por supuesto, los hispanoparlantes que, durante aquellos diez años previos a la magna celebración de 2012, convocó a un importante elenco de Profesores, Académicos, Politólogos o periodistas que, en la vieja lengua castellana, nos hablaron de la Constitución de 1812, de sus oportunidades, de sus valores y de sus influencias en todo el orbe y de , entre los cuales, destacó igualmente la presencia en Cádiz del Profesor Lousteau.

Dr. Guillermo Lousteau Heguy, hoy, como ayer, será un placer volver a oír entre nosotros una nueva intervención suya que nos dictará analizando, en esta sesión, "El devenir democrático en América".

Muchas gracias
17 de mayo de 2016, Diputación.

INTRODUCCIÓN

Guillermo Lousteau Heguy

Deseo en primer lugar manifestar mi reconocimiento a los miembros de la Junta de Gobierno de la Real Academia Hispano Americana, por mi nombramiento como Académico Correspondiente, en Estados Unidos. Para un hispanoamericano, consciente de la calidad académica de la Institución, es un enorme orgullo incorporarse a ella.

El claro campo de trabajo de la Academia abarca el Arte, las Ciencias, las Letras e Hispanoamérica. Dentro de ese campo, el objetivo que se propone es ejercer influencia sobre el destino común de las naciones que conforman ese área cultural que, conceptualmente, incluye todas aquellas que en algún momento tuvieron relación con los países que hoy radican en la península ibérica.

Me incorporo como miembro correspondiente por un área ajena a la descripta. Luego de vivir por casi 20 años en los Estados Unidos, quisiera resaltar que también ese país cae inevitablemente en la zona de interés de esta Academia, porque tal como ha dicho el historiador Charles Lummis, *"si no hubiera existido España hace 400 años, no existirían hoy los Estados Unidos"*.

Efectivamente, el peso y la influencia de España en el desarrollo histórico de ese país ha sido enorme y todavía se siente esa presencia, tanto en su pasado como en su presente.

El presidente Ford, al inaugurar la Semana Nacional de Herencia Hispánica, en 1974, expresó en ese mismo sentido *"que la herencia hispánica de los EEUU se remonta a hace más de cuatro siglos. Cuando los peregrinos llegaron a la roca de Plymouth, la civilización española ya estaba floreciendo en lo que hoy es la Florida y Nueva México. Desde entonces, la contribución hispánica ha tenido una constante y vital influencia en el crecimiento cultural de nuestro país"*.

En una forma totalmente acorde, se pronunció también el presidente Reagan: *"En nuestras relaciones internacionales, los hispanos de Norteamérica contribuyeron a nuestra identidad nacional, a nuestra percepción de quienes somos"*, expresó.

La historia anglo-sajona de los EEUU comienza en 1620. Pero ya en 1513 Juan Ponce de León tomó posesión de las costas de la Florida en nombre de la corona española. Y hasta la independencia de México, en 1821, los colores españoles ondearon en la tierra que hoy pertenece a los Estados Unidos. La ciudad más antigua de ese territorio San Agustín, que lleva 500 años de fundada.

A través de estos siglos, las relaciones entre ambos países ha sido frondosa, incluyendo la participación de España en la lucha por la independencia de las trece colonias.

Esos datos, sin embargo, no son moneda corriente. No sólo no lo son para los ciudadanos norteamericanos, si no que no son visualizados en debida forma por el mundo en general.

La difusión de la influencia de España en el desarrollo de los Estado Unidos debiera importarles, en primer lugar a los propios españoles, que se sienten ligados estrechamente a la América hispana y sin embargo no sienten la relación con los norteamericanos. La experiencia reciente del VII Congreso Internacional de la Lengua celebrado en Puerto Rico ha mostrado la necesidad de esclarecer las relaciones y vinculaciones entre EEUU y España.

En los Estados Unidos hay 45 millones de hispanoparlantes, casi como la población de España. Son norteamericanos de procedencia hispana o que habrán de obtener esa nacionalidad en un futuro próximo y constituyen hoy un grupo decisivo en las elecciones políticas. Donde es más evidente esta marcada influencia de los hispánicos es el aspecto lingüístico: la lengua española está en alza en los EEUU. En algunos estados, el idioma español se encuentra casi a la par del inglés, como Florida, Texas, California y Arizona, donde casi se podría afirmar que ya no es una lengua extranjera, sino primera o segunda lengua. En los demás estados, ya el español es el primero en la enseñanza como idioma complementario. Recientemente, el "New York Times" sostuvo que crece la consideración del biculturalismo por parte de los norteamericanos como elemento decisivo en su estrategia en la economía global.

Obviamente, estos hechos han producido una reacción en grupos que rechazan el surgimiento del español en el mundo anglosajón. Pero también a éstos debieran dirigirse los esfuerzos de esclarecimiento, ya que normalmente no incorporan a sus antecedentes naturales, los aportes de España como parte de su historia propia.

Entre las tareas a encarar, habría que agregar, sin duda, la recuperación del concepto de "Hispanoamérica" para distinguir a la región, dejando de lado la más común de "América Latina", usual en los Estados Unidos, a partir de su uso por Chevalier y Torres Caicedo, en el siglo XIX.

Esto nos queda como una labor pendiente.

A Gaspar Lousteau y Vicente Slokar

EL DEVENIR DE LA DEMOCRACIA EN AMÉRICA LATINA

En 1930, Sigmund Freud, en uno de sus trabajos clásicos, describió lo que el llamó "El malestar de la cultura". Freud consideraba a la cultura como la suma de producciones que nos diferencian de los animales y que sirve a dos fines: proteger al hombre de la naturaleza y regular sus mutuas relaciones sociales. Para lograrlo, el hombre pasó del poderío de una sola voluntad tirana al poder de todos, al de la gestión colectiva, y por la cual debió sacrificar parte de sus instintos. Fue precisamente la cultura la que los restringió.

De manera similar, y parafraseando a Freud, varios estudiosos de la filosofía política han hablado de un malestar de la democracia. El primero, y quizás el más importante, Michael Sandel, lo analizó desde el punto de vista de la filosofía.

Recientemente, Carlo Galli, el historiador de la Universidad de Bolonia, también se refirió a esa situación. En ambos trabajos, el malestar se refiere a las dificultades de entender el concepto y su contraste con la realidad.

Vivimos en una democracia débil, devaluada, que tiene todavía mucho que discutir sobre su contenido. Uno de esos contenidos es sobre qué valores la sustentamos. Una democracia donde la verdad, la política y las instituciones estuvieron y están en grave proceso de deterioro.

Definido por la Real Academia Española como "desazón o incomodidad indefinible", el malestar que presenta la democracia, tiene connotaciones clásicas, pero fundamentalmente, está aquejada por nuevos problemas.

Parte del malestar de la democracia, está dada por la aparición de países que alegan ser democráticos, pero cuyas características plantean grandes desafíos al análisis de los sistemas políticos. Identificar a una democracia —o por el contrario, a una no-democracia— excede el mero ámbito académico y tiene importantes consecuencias políticas y sociales. Existe un amplio consenso en cuanto a la preferencia por la democracia como forma de gobierno en el mundo contemporáneo, ya que en el orden internacional, los beneficios de constituir un país enrolado en la democracia son todavía deseables.

Mientras que, por un lado, existe una opinión generalizada de que la democracia es inevitable, tal como predijo John Stuart Mill, y nadie querría declararse antidemocrático y pronunciarse en contra de la democracia, las dudas y los conflictos sobre su significado parecen multiplicarse.

Con la caída de la Unión Soviética, pareció confirmarse este destino de la democracia, que mostraba no tener alternativas y que indujo a Francis Fukuyama a proclamar "El fin de la historia". Si de Occidente se trata, Fukuyama parece tener razón: las alternativas a la democracia como forma de gobierno solo parecen ser disputadas por la teocracia de los países islámicos, o por el sistema chino, y su "meritocracia".

Las dificultades del lenguaje

No es ajeno a este malestar un problema de lenguaje.

La filosofía puso, en el siglo XX, un acento muy especial en el lenguaje, que se transformó en un objeto privilegiado de estudio. La filosofía del lenguaje caracterizó parte del pensamiento del siglo pasado y de manera muy clara, la disciplina evidenció los problemas de comunicación que el lenguaje implicaba y cuánto de las dificultades de comprensión recíproca eran meramente problemas de lenguaje más que de fondo.

Una de sus figuras más relevantes, Ludwig Wittgenstain, llegó a afirmar que *de lo que no se puede afirmar nada, es mejor no hablar* y que si nos pusiéramos de acuerdo con el uso de las palabras, desaparecerían la casi totalidad de las discusiones fundamentales. Este parecería ser parte del problema de la discusión sobre la democracia: no hablamos de lo mismo. Con toda seguridad, democracia es el vocablo que más discusiones ha originado a través del tiempo.

En el orden de la política, la preocupación por el uso del lenguaje y sus condicionantes, fue materia de especial análisis y preocupación por parte de George Orwell, que veía al uso de los términos como un elemento distorsionante. Por ello, reclamaba poner especial atención a la agenda pública, preocupación compartida, entre otros, por Antonio Gramsci.

Gramsci advirtió que la batalla central de la política se da en el orden cultural y que quien se apropie de dicho orden (y por lo tanto del lenguaje) garantizaría el triunfo.

Este elemento, el uso de los términos, es esencial en la discusión actual, donde democracia, progresismo, participación y pueblo —por ejemplo— no significan lo mismo para todos. Ninguna discusión sobre un objeto social puede omitir un examen de los usos lingüísticos sobre dicho objeto.

Thomas Kuhn reactivó el concepto de paradigma como modelo y afirmó que uno de los problemas del cambio de paradigma era su incapacidad de ser traducido. Es decir, que no hubiera manera de trasladar el lenguaje de un paradigma a otro, porque las cosas no significan lo mismo para las partes. Esta imagen es suficientemente descriptiva de la situación actual de la discusión sobre la democracia: la palabra "democracia' es polisémica y su evolución a través del tiempo presenta grandes cambios e interpretaciones, al punto que ya no existe acuerdo sobre su contenido. Las limitaciones del lenguaje son parte del problema, como vieron Wittgenstain y Orwell, aunque el problema podría ser más profundo que un mero problema terminológico.

Especialmente, en Hispano América, donde existe una corrupción estructural inherente al régimen de representación política. De no recuperarse esta erosión de la legitimidad de la democracia puede producir consecuencias malsanas.

¿De qué democracia hablamos?

Parte del malestar de la democracia se origina también en la dificultad de comprensión de los temas en conflicto. La discusión central sobre los modelos en pugna excede el simple hecho de definir las palabras y se asienta sobre la circunstancia innegable de que existe un cuerpo muy apreciable de teoría democrática sobre el cual construir y realizar precisiones que puedan servir como instrumento para el análisis de las formas recientes de la democracia.

La definición de democracia es en sí misma un problema no resuelto. Las discrepancias sobre el concepto son graves y muchas. Pero si bien no podemos evitar las discrepancias, sí es posible hacer el esfuerzo de evitar la confusión y tratar de precisar, al menos, el panorama en discusión.

El concepto de democracia, en un sentido básico y ampliamente compartido sería definirla como el sistema de gobierno donde la soberanía reside en el pueblo. Aceptando provisoriamente esta definición, se puede afirmar que, a partir de 1776 y a lo largo de los siglos XIX y XX, el principio democrático fue ampliamente aceptado en América, salvo Brasil, convirtiéndose en el continente que primero adoptó ese principio como forma de gobierno.

Exceptuando Cuba, los países de la América hispana, son hoy gobiernos elegidos por el pueblo, y por lo tanto, podrían ser considerados gobiernos democráticos. Es una situación muy poco usual en la historia de la región: en 1978, sólo había tres gobiernos con esas características, Colombia, Venezuela y Costa Rica. El flagelo de los golpes militares, usuales en los siglos XIX y XX, ha dejado de ser una alternativa válida a los sistemas democráticos.

Sin embargo, la realidad muestra la coexistencia de dos tipos de regímenes distintos, que afirman cada uno constituir auténticas democracias, pero que son incompatibles entre sí, lo que origina parte del malestar con la democracia.

Por un lado, la gran mayoría de los gobiernos (mayoría considerando cualquier variable, ya sea número de países, extensión territorial, población o producto bruto) muestra —con mayor o menor fortaleza— su apego a los principios reflejados en una concepción de la democracia que incluye instituciones clásicas del constitucionalismo llamado liberal, y tendientes a limitar el ejercicio del poder.

Por el otro, existe un conjunto menor de países conducidos por nuevos líderes con un discurso radical, elegidos también por el voto popular, pero que reniegan de ciertos principios del constitucionalismo clásico que impiden el ejercicio absoluto del poder. Una situación que contribuye a aumentar el malestar de la democracia.

Dos modelos de democracia

Estos dos modelos comparten su origen en el voto popular. Responden de esa manera al concepto aceptado provisoriamente como básico, de estar legitimados por la soberanía popular, tal como Aristóteles describió a la democracia. No obstante, sus desempeños y la confrontación entre ambos está señalando que no responden a la misma concepción y, más problemático todavía, sus consecuencias en la vida política y real de sus sociedades son decisivamente divergentes.

Es en esta confrontación donde se inserta la labor del *Interamerican Institute for Democracy*, creado hace 10 años, con el objetivo de promover la institucionalidad y los valores de la libertad en América

El mundo griego aceptó la democracia como forma posible, pero entrevió sus dificultades, especialmente en el rol que le asignaba a las decisiones mayoritarias. Una mayoría tomando decisiones sin limitaciones era impensable. El germen de la diferencia ya se encuentra entre Platón, que privilegiaba a la colectividad en conjunto, y

Aristóteles, que se pronunciaba por el individuo como sujeto social y político.

El tema de las formas de gobierno se replantea con la crisis de la teoría del "origen divino de los reyes" impugnada específicamente en el siglo XVII. En la necesidad de encontrar nuevas fuentes de legitimidad hicieron su aparición las teorías *contractualistas,* que buscaban a esa legitimidad del poder en un hipotético contrato que los individuos habrían celebrado para constituirse en sociedad y crear al Estado dotándolo del poder necesario para gobernar.

Thomas Hobbes, John Locke y Jean Jacques Rousseau son los exponentes clásicos del contractualismo como explicación política del poder y desde luego, los más influyentes. Los tres describen ese contrato de manera diferente, tanto en las motivaciones como en la forma en que se celebra, lo que lleva a consecuencias disímiles.

Aunque por diferentes razones Hobbes y Rousseau llevaban a la configuración de un poder fuerte, frente al cual cedían los derechos individuales y, por consecuencia natural, depositaban en la mayoría la decisión final. Ya sea por la existencia de un Leviathán todopoderoso, como acepta Hobbes, o por la existencia de una voluntad general, donde se pierde la individualidad, según Rousseau.

El caso de Locke es más complejo. Si bien se lo considera el padre del liberalismo, por su defensa de la libertad individual y de la propiedad privada que lo lleva a limitar al poder, algunas de sus ideas aparecen en contradicción, y han servido para que los defensores de un poder fuerte basado en la mayoría, crean ver en Locke un pensador propio, defensor de la concepción mayoritaria de la democracia, como afirma Pisariello.

Efectivamente, en su "Segundo Tratado sobre el gobierno", de 1689, dedicado a rechazar el patriarcalismo y a defender la idea de un gobierno basado en principios fundamentales, Locke afirma que todos los hombres han nacido iguales: *"El hombre nace como ha sido probado, con un derecho a la libertad perfecta y a un libre disfrute de todos los derechos y privilegios de la ley de la naturaleza humana y mantiene por naturaleza el poder de conservar su propiedad. Esto es, su vida, su libertad y situación contra las amenazas y los atentados de otros hombres"*. Aparece así la propiedad como garantía de la libertad y la sociedad se organiza, precisamente, para su protección.

Sobre esta idea se fundamenta la interpretación de Locke como un defensor del individualismo, los derechos individuales y la propiedad, que es su imagen más difundida: la del filósofo defensor de los derechos de los cuales ni el hombre mismo puede desprenderse.

Por otro lado, Locke fue el primer escritor en ocuparse de la regla de la mayoría en una escala suficientemente importante como para atraer la atención sobre el tema. Así, explica Locke, la existencia de una sociedad política implica la sujeción de los individuos a un gobierno.

La forma de entender la razonabilidad de dicha sujeción de los individuos en una sociedad política es a través del consentimiento: en una sociedad de estas características, el individuo obedece a sus propias reglas, porque las reglas establecidas por el gobierno son las suyas propias, a las cuales ha prestado su consentimiento.

No advierte Locke, entonces, discrepancia entre el interés individual y el interés general: *"El hombre es, como ha sido dicho, libre por naturaleza, igual e independiente y ningún hombre puede ser sacado de esa situación y sujetado al poder político de otro sin su consentimiento".*

"Consentimiento" es aquí el concepto clave, que se encuentra a lo largo de todo el tratado. Pero Locke pasa luego, de un consentimiento explícito a un consentimiento tácito, y de la unanimidad a la mayoría, casi sin pausa: *"Cuando un número cualquiera de hombres ha consentido de esta manera conformar una sociedad o gobierno, están por lo tanto asociados y han establecido un cuerpo político, en el cual la mayoría tiene el derecho de actuar y decidir por el resto".*

Estas afirmaciones son las que permiten ver en Locke a un defensor de la mayoría, como se lo ha visto.

Se advierte entre ambas posiciones una contradicción que puede rastrearse en varios capítulos.

La oposición entre el interés general y el individual, entre la regla de la mayoría y el derecho individual se repite a lo largo de la obra: por un lado, la mayoría es la que toma decisiones, pero esta facultad estaría limitada por los inalienables derechos de los individuos que la mayoría no puede desconocer. Si lo hiciera, estaría ejerciendo sobre la minoría un poder que, bajo las leyes de la naturaleza, no puede ejercer.

La duda es si existe esta contradicción en Locke y si puede la mayoría constituir un peligro para el individuo.

Los estudiosos han seguido diferentes caminos sobre esta cuestión. Algunos, como el citado Pisariello, se inclinan por sostener la regla de la mayoría; otros, como Kendall, por la supremacía de los derechos individuales.

Pero podemos aceptar también que cada pensador responde a las circunstancias de su época y su sociedad y que con frecuencia, las circunstancias que evidencian las contradicciones de su obra aparecen más tarde y por eso son problemas que no pudo prever.

La democracia en América: Constitución y democracia

Ese problema se hizo evidente en el momento de la revolución americana. Las colonias estaban alertas a ese peligro, porque ya habían experimentado el abuso de las legislaturas locales, que representaban a las mayorías.

Al momento de adoptar una constitución, prestaron especial atención a este problema y crearon una estructura de gobierno orientada a limitar las decisiones de la mayoría, generando instituciones que pudieran ponerle límites. Se apoyaron, así, en el Locke liberal, defensor de los derechos individuales y de la propiedad y adoptaron las ideas de otros pensadores afines, para equilibrar el poder mayoritario, como Montesquieu y su doctrina de la separación, o más precisamente de los pesos y contrapesos (*checks and balances*) entre las diferentes ramas del poder.

La gran originalidad del proceso de los constituyentes fue el concepto de "constitución", por un lado fuente de legitimidad, y por el otro, la garantía de un marco acordado por la sociedad, que regiría como norma suprema. Como consecuencia de esas características, había que crear un órgano que tuviera a su cargo la tarea de vigilar el cumplimiento de las normas constitucionales. Ese órgano fue la Suprema Corte de Justicia.

El hecho de que ese cuerpo estuviera integrado por personas no electas por votación popular, y que fueran vitalicios e independientes de los otros poderes es lo que le dio a la Constitución su claro sentido contra-mayoritario. Así quedó forjada una democracia representativa, constitucionalista y que se reconoce como liberal, por la prioridad que le concede a la libertad individual garantizada por esa constitución y por las limitaciones a las decisiones de la mayoría.

Importa aclarar que esa decisión no fue unánime. A los papeles de "El Federalista", se le opusieron los anti-federalistas, entre cuyas filas se enrolaban personalidades como Thomas Jefferson y Thomas Payne, y se translucían ideas de Maquiavelo, llegadas a las colonias a través del inglés Harrington.

Pero, una vez adoptada la decisión, ambas partes se sometieron a ella. La discrepancia continúa, pero dentro de los límites de la Constitución y la aceptación de la Corte como el árbitro de las diferencias.

El sistema así creado, transformó al constitucionalismo norteamericano en el sistema político más exitoso y con más de 200 años de vida, cuya flexibilidad permite la disputa política sin poner en riesgo los acuerdos básicos.

Su recepción en la América hispana
Los orígenes de la independencia de las colonias españolas en América difieren de los de sus hermanas del norte. Las ideas que la sustentaron no se identifican inicialmente con las teorías contractualistas, sino que pueden rastrearse fácilmente en la escolástica española tardía, especialmente en Francisco Suárez hacia fines del siglo XVI.

El constitucionalismo norteamericano, al que debe sumarse el de las Cortes de Cádiz, en 1812, fueron rápidamente recogidos por las colonias españolas, en el proceso de su independencia y conformación de sus sistemas de gobierno, aunque no sin dificultades,

Efectivamente, el resultado no fue comparable al que había caracterizado a la nueva nación anglosajona.

En primer lugar, así como el proyecto norteamericano había sido ampliamente discutido y aceptado luego de un largo proceso, su recepción en América Latina no tuvo ese debate, falencia que fue decisiva para la comprensión institucional y la vigencia del constitucionalismo en la región.

La otra gran dificultad se presentaba bajo el aspecto de las enormes diferencias culturales entre las dos Américas, cuyos resabios son todavía visibles.

Los principios que hacían propios los valores reflejados en la constitución liberal para los recientes Estados Unidos, no eran los mismos para las colonias españolas, especialmente diferenciados por las bases de la Reforma y la Contrarreforma. La cultura hispánica es una visión que difiere de aquellas que, como las de Estados Unidos, han sido más afines con la democracia, donde —como dice César Vidal— *"la Reforma inyectó una serie de valores que, en términos generales, brillan por su ausencia en nuestra cultura común"*.

Esa diferencia también se observa en la población hispana de los Estados Unidos. Una encuesta reciente muestra la distinta valoración que los hispanos tienen con sus conciudadanos sajones respecto a valoración de la individualidad y al rol del Estado.

Una diferencia que terminaría por ser decisiva es la actitud frente a la ley. Mientras en el mundo sajón, el acatamiento irrestricto a la ley es un valor universalmente reconocido, no lo era en el mundo colonial hispano, donde la respuesta a la ley era "se acata, pero no se cumple". La actitud de minusvaloración de la ley se refleja también en los prototipos literarios hispanoamericanos, casi siempre proscriptos y marginales de la ley, como el "Martín Fierro".

La recepción del constitucionalismo norteamericano se produjo, entonces, con estos dos grandes obstáculos: la falta de un debate amplio y las enormes diferencias culturales. El resultado no podía sino ser distinto, y es por eso que el devenir de la democracia en el continente sea tan dispar.

Roberto Gargarella, en un gran trabajo de recopilación de historia constitucional hispanoamericana ha descripto las vicisitudes de nuestro acogimiento al sistema norteamericano y sus características específicas.

Si nos concentramos en los años fundacionales del siglo XIX, el enorme número de constituciones hace pensar en una situación de caos constitucional. La primera constitución fue la venezolana de 1811 y hasta casi la llegada del siguiente siglo se dictaron 103 constituciones, en 16 países. *"Para un tipo de documento que tiene la pretensión de permanecer en el tiempo* —dice Gargarella— *se trata de demasiadas constituciones para un período relativamente breve"*.

También contribuye a distorsionar la percepción sobre el constitucionalismo hispanoamericano, según el autor, la extendida imagen de América Latina como un continente dominado por *caudillos* autoritarios y caprichosos, que termina por opacar la temprana historia del constitucionalismo regional.

Las cuestiones que aún subsisten en la vida política americana, obligan a que el constitucionalismo regional se pregunte si tiene sentido "importar" derecho extranjero, de qué modo hacerlo, o si es posible no hacerlo, dice Gargarella.

Esas mismas cuestiones son las que florecieron frente a la presencia del constitucionalismo norteamericano. Diferentes corrientes se pronunciaron sobre la forma de encarar esa presencia e influencia, que pueden agruparse en tres posiciones emblemáticas: las Domingo Faustino Sarmiento, Simón Bolívar y Juan Bautista Alberdi.

Sarmiento propiciaba la adopción *in totum* de la Constitución americana, y llegó a incluir a la jurisprudencia de la Corte Suprema de los EEUU como fuente jurídica del derecho constitucional argentino. Simón Bolívar, desengañado de sus primeros pasos, se afirmaba en la posición opuesta: nuestros pueblos no estaban capacitados para un instrumento tan sofisticado. Finalmente, Juan Bautista Alberdi acertó con su esquema: los principios del régimen constitucional norteamericano eran valiosos, pero debían ser adaptados a la realidad de la América española

Los siglos XIX y XX mostraron a los nuevos países emancipados de España teóricamente estructurados bajo los mismos principios de la Constitución de los EEUU, pero su realidad política estuvo lejos de la vigencia plena de sus valores. Las interrupciones a la democracia fueron la norma, básicamente bajo la figura de golpes militares y, con mucha frecuencia, dictaduras disfrazadas con el manto de elecciones populares. Lo característico de estos actos antidemocráticos eran sin embargo, su apego formal al sistema, considerando las violaciones solo como temporales, y con mucha frecuencia, los motivos de los golpes militares se expresaban como "el retorno a la constitución" o "la recuperación de la de democracia".

Una nueva realidad

En 1959, sin embargo, se produce un hecho realmente disruptivo de la democracia en el continente: la revolución cubana, que produce un vuelco fundamental y considerable en la historia americana.

Expulsado de la Organización de Estados Americanos, el gobierno de Cuba fue el gestor de movimientos revolucionarios en la región, que marcarían una etapa de alteración institucional hasta casi el fin del siglo XX.

El fenómeno del castrismo radicalizado muta por dos hechos más cercanos que cambian su percepción. En la década de los 70s, como producto de trabajos de intelectuales argentinos exiliados en México y de sus pares locales, se revitaliza el pensamiento de Antonio Gramsci, el pensador marxista italiano. Con esta revitalización, la lucha por el poder se corre al campo cultural, verdadero motor de la sociedad.

El segundo hecho, mucho más decisivo, es la convocatoria del Foro de San Pablo, realizada por Lula da Silva y Fidel Castro, en 1990, a todas las organizaciones, partidos o movimientos de izquierda en América. En ese momento fundacional, se reunieron 48 diversas corrientes ideológicas de la izquierda que, desde entonces se han reunido periódicamente, año tras año. El Foro se propuso una revisión estratégica de la revolución izquierdista en América, al mismo tiempo que renovar el pensamiento de esa corriente, y afirmar su oposición al capitalismo, al neoliberalismo y confirmar al socialismo como alternativa necesaria y emergente, frente a la caída del muro de Berlín y su efecto en Europa. Además de su discurso antiimperialista, el Foro concluía que esa alternativa sólo podía surgir de la voluntad de los pueblos.

El mensaje claro de los convocantes fue poner fin a la lucha armada y acceder al poder a través del sistema democrático. Las razones eran claras: la fuerza propia no era suficiente y sin una transformación cultural, la toma del poder por las armas, aunque fuera posible, sería improductiva. Porque, según Gramsci, sin una hegemonía cultural, no revolución no podía tener éxito.

El encuentro de San Pablo ha sido visualizado como la consolidación de las fuerzas de izquierda.

Otra lectura es posible, sin embargo. Con la recomendación del Foro de San Pablo, muchos partidos considerados de izquierda, han llegado al poder a través de las urnas y elecciones populares, y cesó la lucha armada. Pero su comportamiento no ha sido uniforme. Algunos, como Chile, Brasil, Uruguay o Perú, se han mostrado más proclives al respeto de las instituciones vigentes, a la separación de los poderes, y especialmente acerca de la independencia del poder judicial y el mantenimiento de la libertad de expresión. Como complemento de ese comportamiento, en esos países hubo cambios regulares de gobierno por la vía electoral y donde, como en el caso de Chile, una presidente de izquierda entregó el gobierno a un opositor, a pesar de la gran popularidad con que terminó su mandato. Cuando se produce la alternancia en el poder, las instituciones democráticas se proyectan mejor.

Como consideración adicional, estas presuntas "izquierdas" flexibilizaron sus concepciones económicas, y se aproximaron a conceptos afines a una economía de mercado, en cuanto al tratamiento del capital extranjero, las inversiones, la apertura de la economía y sus relaciones comerciales internacionales. Su política internacional tampoco siguió los lineamientos de la izquierda tradicional, que mostraba su clásico sentimiento antiamericano.

Otro grupo de "izquierdas", por el contrario, se apartaron de los principios del constitucionalismo liberal, modificaron sus constituciones, apuntando principalmente a abrir la posibilidad de la reelección.

Se nos presentan así, dos hipotéticas "izquierdas" sin afinidad entre sí, en cuanto a los aspectos institucionales. Como ambas se proclaman "democracias" la distinción pasa, necesariamente, por otras categorías, en las cuales, englobar también a los otros gobiernos que no son de izquierda. La distinción más adecuada parece ser la que se relaciona con el respeto a las instituciones y a los valores de la libertad individual y a la forma de ejercicio del poder.

Lo institucional y lo político

Ello nos lleva, otra vez, a plantearnos el concepto de democracia, para lo cual parece adecuado diferenciar dos niveles de análisis: lo institucional y lo político, que habilita una nueva forma de considerar el concepto.

Las instituciones están conformadas por aquellos puntos en que la sociedad ha llegado a un acuerdo y a partir de los cual se construye lo político y la sociedad puede avanzar. Sin acuerdo sobre esos temas, la sociedad se encuentra en una disputa permanente, sin posibilidades de continuar. Las instituciones se interpretan como acuerdos; lo político, como disputa a partir de esos acuerdos.

Precisamente es la Constitución la que recoge esos acuerdos en forma de instituciones aceptadas. A partir de ese acuerdo, se origina la disputa política.

41

Como se ha dicho, con un esquema de este tipo, ya no es válida la distinción de izquierda y derecha, como una categoría útil para analizar a los gobiernos.

Esta diferencia, que podría considerarse meramente doctrinaria y ser discutida, se encuentra recogida en la Carta Democrática Interamericana, sancionada por la Organización de Estados Americanos, el 11 de septiembre del 2011. Suscripta por unanimidad por los Estados miembros, adquiere carácter de convenio entre los signatarios y se vuelve un compromiso jurídico.

Entre los elementos que la Carta considera esenciales y fundamentales de la democracia representativa se incluyen el respeto a los derechos humanos y las libertades fundamentales, la celebración de elecciones periódicas, libres, justas y basados en el sufragio universal y secreto; la separación e independencia de los poderes públicos y la libertad de expresión y de prensa, entre otros.

"El socialismo del siglo XXI"

"El socialismo del siglo XXI" desafía estos conceptos y desconoce las bases del sistema institucional que se reflejan en estos valores. Este movimiento se conforma por un conjunto de países, integrado por Venezuela, Ecuador, Bolivia y Nicaragua y con el cual el gobierno de Argentina hasta diciembre del 2015 fue manifiestamente solidario. Así, la confrontación no sólo se dio en los hechos, sino que también se traslada a lo conceptual.

Aun inarticulado, el socialismo del siglo XXI le debe su nombre a Hans Dieterich, quien fue decisivo para las ideas de Hugo Chávez, su verdadero gestor.

El chavismo es un clásico movimiento populista, término usado no con sentido peyorativo, sino con el sentido con que lo definen sus pensadores, como Ernesto Laclau, o como Loris Zanatta. Sostiene como base, la confrontación como método y la necesidad de creación de un enemigo, sea externo o interno, ideas cercanas a Karl Schmitt. La importancia de Laclau es fundamental porque cree en las bondades del populismo, como uno de los enemigos de los medios dominantes

El ideario de Chávez evoluciona desde su deseo inicial de reformar al capitalismo y lograr un capitalismo "mejor". Pero en el año 2005, declaró su disgusto y ruptura con el capitalismo y su intención de dirigir a Venezuela hacia el socialismo, *"revivir el poder popular y trascender al capitalismo"*, según sus propias palabras. En ese camino desechó sus ideas iniciales orientadas hacia lo económico, como el keynesianismo, la tercera vía de Giddens, y los cambios estructurales de Osvaldo Sunkel.

Sostenía que ni las condiciones sociales ni la conciencia popular estaban preparadas para un cambio radical, cambio que debía ser construido día a día. Como asume que el capitalismo no puede ser reformado, adoptó un proyecto histórico que parte de la construcción de nuevas mayorías, creando un nuevo marco o concepción de las relaciones sociales.

En este proceso de radicalización de cambios económicos, Chávez elabora su proyecto político, siguiendo a Meszaros, para quien todo es factible de construcción social. Así, su proyecto popular es una utopía concreta, que busca que las masas escojan una dirección contraria a la vigente, con valores distintos.

La base de ese proyecto intenta identificar al socialismo con la democracia, en una maniobra conceptual inteligente tendiente a lograr apoyo popular, y por eso el socialismo del siglo XXI alega ser una democracia participativa, donde el pueblo es el protagonista.

América es percibida por el chavismo como sometida a un proceso de balcanización al cual no son ajenos los EEUU, hacia los cuales existe un sentimiento generalizado de desconfianza. Volviendo al concepto de la Patria Grande de Bolívar, Chávez es conducido inevitablemente a intervenir en los procesos políticos de los otros países de la región, a través de la Alternativa Bolivariana para las Américas. El ALBA se transformó así en el brazo político de su socialismo, para llevar al chavismo al escenario mundial.

El populismo en la América hispana

No es raro que un movimiento como éste prendiera en la América hispana. El populismo, el nacionalismo y las corrientes de la izquierda antiimperialista tienen hondas raíces en nuestra historia política y permanecen vigentes, política y culturalmente.

Las características del "populismo" no terminan de precisarse. Aunque existe en todas partes, en Hispano América , el populismo presenta características propias:

1. En primer lugar, el populismo en la región es carismático; es decir, responde a la figura de un líder que concentra la adhesión popular, y a quien el pueblo mediante elecciones le delega el ejercicio del poder. Según Gianni Vattimo, las grandes transformaciones latinoamericanas han sido realizadas a través de la

presencia de jefes carismáticos y la lucha contra esta función es una lucha conservadora . Bajo esas condiciones, desaparecen las estructuras e instituciones auténticamente democráticas y el líder ejerce una especie de democracia delegativa, sin ataduras y con poderes excepcionales. Es por eso, que se muestra incapaz de crear figuras alternativas al líder.

2. Tal como propone Laclau, el populismo necesita construir "un enemigo" para consolidarse como mayoría. Esa mayoría es conformada, muchas veces, como la suma de un conjunto de minorías insatisfechas, que para transformarse como tal, necesitan la confrontación contra un opositor real o creado, tanto en el orden interno como en el orden internacional.

3. Los populismos hispanoamericanos son "fundacionales". Es decir, necesitan romper con el pasado y comenzar una nueva historia. La consecuencia lógica de esto es que vienen para quedarse y no están dispuestos a exponerse al riesgo de perder el poder, como expresamente lo manifiestan. *Nadie encara una revolución para entregar el poder a los 4 años*, como explícitamente lo dijo Evo Morales. Necesitan, más bien, evadir la alternancia en el poder y ser reelectos indefinidamente. El primer paso de ese proceso es la reforma constitucional para eliminar esa traba y consagrar la reelección sin limitaciones.

4. El populismo americano necesita un discurso legitimante, una narración popularizada, que excluya a la oposición. Este discurso, narración o relato no es sino una interpretación caprichosa de los hechos recientes como fuente de legitimidad. El relato autoritario del

populismo es maniqueo y su enemigo natural es, por supuesto, la prensa independiente o toda fuente de oposición a este relato.

El chavismo extendió su socialismo a otros países de América, etapa que proclamaba como imprescindible. Ecuador, Bolivia y Nicaragua adhirieron rápidamente. Argentina no integró el socialismo del siglo XXI, pero su afinidad ideológica fue evidente. Honduras y Paraguay sufrieron los impactos de su acción y Perú, finalmente se alejó de la posibilidad de integrarse.

En el terreno fáctico, el populismo ha mostrado como caracteres propios la concentración del poder en manos del líder, la falta de independencia del Poder judicial, el cercenamiento de la libertad de expresión y la falta de garantía del debido proceso.

Paralelamente, y como justificación institucional del populismo, se ha desarrollado una fuerte corriente doctrinaria, que rechaza las instituciones del constitucionalismo liberal, reivindica el principio mayoritario de la democracia y considera a esas instituciones como meros artilugios de las minorías para limitar a las mayorías. Es decir, la confrontación es más que política y se eleva al nivel institucional: ya no existen instituciones comunes en las que estemos de acuerdo.

La fuente de este aporte doctrinario está basada en el Centro de Estudios Políticos y Sociales, de la Universidad de Valencia. Sus miembros desarrollan una profusa y activa labor académica en Cuba y han asesorado e influido en la nueva Constitución de Venezuela, y son, prácticamente, los autores de las de Ecuador y Bolivia. Su cuerpo doctrinario conforma lo que ellos denominan el "Nuevo Constitucionalismo Latinoamericano", que reivindica la revolución permanente, y proclama la imposibilidad de sujeción de la voluntad popular a la constitución, la cual no puede ser un obstáculo a la revolución.

La historia reciente mostró la lógica "amigo-enemigo" propia del populismo, que condujo a la deslegitimación de cualquier forma de oposición y que pudo arrastrar tras de sí a la democracia misma. Como condición necesaria y suficiente para imponerse ideológicamente, el populismo se reviste de una concepción propia, que coloca al "otro" como desprovisto de dignidad y lo inhabilita para la discusión ciudadana.

Tal como se preveía y era inevitable, la ola expansiva del populismo en América ha comenzado su proceso de reversión.

A pesar de las dificultades económicas, las perspectivas institucionales de la región parecen alentadoras. Los gobiernos autoproclamados socialistas del siglo XXI y sus simpatizantes no han logrado la ruptura radical pretendida, que apuntaba a una globalización alternativa y diferente. Su actualidad hace que hoy el desafío del socialismo duro sea muy modesto, ya que ha perdido —incluso— el apoyo de la social-democracia mucho más cercana hoy al mercado que en el pasado.

Brasil se encuentra en el medio de una crisis severa, que incluye cargos severos por corrupción y el juicio político de la presidente. Lo positivo de esta panorama es que tiene lugar siguiendo las normas constitucionales y con los jueces actuando con independencia.

Venezuela enfrenta problemas muy serios económicos y políticos. A partir de la muerte de Hugo Chávez, la derrota legislativa del gobierno de Nicolás Maduro fue claramente un paso decisivo en la recuperación de la democracia. La oposición política ha logrado una amplia mayoría en el Congreso y las firmas más que suficientes para someter un proceso de revocatoria del mandato del presidente.

México ha avanzado en su democracia. Desde su tradición de partido único, en las últimas décadas ha mostrado se capacidad de alternancia política.

Colombia puede cerrar el proceso de la lucha armada de larga data, si logra el tratado de paz con las Fuerzas Armadas Revolucionarias de Colombia.

Argentina, si bien no incorporada al socialismo del siglo XXI, tuvo a un gobierno manifiestamente adherido a esa ideología. Es por eso, que el cambio de gobierno en ese país, es la mejor y más reciente de las buenas noticias. No sólo para Argentina, sino porque seguramente, ese cambio repercutirá en el giro hacia la democracia de la región.

El chavismo se encuentra, así en vía de extinción. Posiblemente, la señal del inicio de este proceso haya estado marcada por la actitud de Ollanta Humala, cuando ganó la presidencia del Perú. Dadas sus inclinaciones previas hacia el socialismo del siglo XXI, se preveía su incorporación al socialismo del siglo XXI. Sin embargo, al advertir los síntomas de pérdida de energía que ya eran claros y considerar la comparación negativa con los países democráticos, Humala se alineó con éstos.

El rechazo a la reforma constitucional en Bolivia para permitir la reelección indefinida de Evo Morales y la declaración de Rafael Correa de no aspirar a un nuevo mandato en Ecuador han sido pasos que deben agregarse a las señales de cambio del ciclo.

La ola bolivariana ha mostrado su inviabilidad y el apoyo general a la democracia en la región es lo que ha permitido la supervivencia del sistema republicano.

Las críticas a la democracia

Frente a este malestar de la democracia y la realidad de Hispano América, la pregunta es cómo encararlo, ya que su futuro depende de lo que hagamos para resolverlo, desde todas las esferas posibles. Parte importante de esta gestión debiera responder a las críticas que se han formulado sobre la democracia.

Toni Judt se preguntaba qué estamos haciendo para defenderla. Proponía que, en lugar de promoverla abiertamente, sería más eficaz identificar sus fallas, inventariar las cosas que no funcionan bien, reconocerlas y abocarse a solucionarlas. Hay tener valentía para defender las ideas propias, pero hace falta todavía mucho más valor para ponerlas en entredicho.

La crítica externa

Las críticas a la democracia han sido planteadas por dos fuentes diferentes, una externa y una interna,

Las alternativas serias a la democracia como sistema de gobierno, sólo son presentadas hoy por la teocracia de los países árabes y por el sistema chino, que no acepta la soberanía popular como base del gobierno, sino que cree en el partido como fundamento del poder político. Sus críticas a la democracia constituyen una crítica externa, provenientes de una fuente que se declara no democrática.

En particular, esas críticas apuntan a sostener que el hecho de que sea el partido el que gobierna, y no el pueblo, crea un sistema "meritocrático" muy superior a la democracia, que padece de dos problemas insolubles.

En primer lugar, la democracia no garantiza el acceso de los mejores al poder. El sistema de elección popular facilita la llegada al gobierno de políticos sin experiencia probada en el manejo de la cosa pública, y el acceso de políticos que no han probado su capacidad.

Como consecuencia, y este es el segundo gran problema, el sistema de elección popular se desarrolla sobre campañas políticas electorales, donde no se discuten los verdaderos problemas, sino que están referidas solamente a lo que los votantes quieren escuchar, lo que invalida al sistema. Lo políticamente correcto es satisfacer a la audiencia.

La dependencia de los candidatos con relación a su electorado privilegia así, la mentira y el corto plazo, en desmedro de proyectos de largo alcance.

La meritocracia china, por el contrario, es la garantía de que solo podrán acceder al poder aquellos que estén bien preparados, los que pueden mostrar un *cursus honorum,* que se han formado paulatinamente, y ascienden por mérito propio, desde los cargos inferiores hasta llegar a los de más alto rango.

El sistema chino también tiene sus propios problemas, tan complejos como lo que le reprocha a la democracia. Pero sus críticas son útiles a la hora de elaborar una agenda propia, con relación a las falencias del sistema.

La crítica interna.

La crítica interna proviene de una concepción diferente de la democracia, que objeta ciertas instituciones de la democracia liberal y que se originan en una visión diferente de la realidad. La ideología, finalmente, se transforma en un sistema de interpretación de la realidad que condiciona sus acciones.

El surgimiento de una corriente en América que también se considera democracia, pero no comparte los fundamentos de la democracia liberal, ha puesto en evidencia una crítica que podría considerarse interna al sistema democrático que se fundamenta en la soberanía popular.

Si bien la confrontación con la diferente concepción de la democracia en la región es la más inmediata, en el mediano plazo, el desafío chino aparece como más grave. Se trata de un cambio total de las bases sobre las cuales construir la convivencia social en el mundo y fundada en la tradicional filosofía china de las virtudes, reemplazando a las bases morales de Occidente. Esta nueva expresión de los intelectuales chinos está consolidada a través de los siglos y del largo interregno que la sociedad asiática ha sufrido. Tesis muy cercanas a la del filósofo español Javier Gomá Lanzón y su "Ejemplaridad pública".

Un diagnóstico sobre el estado de la democracia en la región debe partir aceptando la existencia de una grave situación de desigualdad económica y social, con grandes sectores marginados y excluidos de la vida comunitaria. Un nivel de desigualdad incompatible con una sociedad moderna y democrática.

Para el populismo, las instituciones liberales no son aptas para resolver el problema.

El populismo argumenta que los sectores excluidos no están en condiciones de ejercerla plenamente, por falta de los recursos necesarios y , en consecuencia, el sistema no es justo y está invalidado.

Las instituciones del constitucionalismo liberal no son un instrumento adecuado para resolver este problema. Al contrario, son instituciones que, al limitar a las mayorías, consolidan los privilegios de la minoría. Por eso, un poder judicial como custodio de esa constitución tiende a cercenar los derechos de esa mayoría excluida. Para agravar más esa circunstancia, los jueces no tienen independencia de otros factores de poder reales, como los agentes económicos. La justicia alcanza así solo a las clases acomodadas, ya que los pobres no tienen el mismo acceso a la justicia.

Esta situación pone de manifiesto la malsana relación entre el poder y la riqueza económica, a la cual protege el sistema de democracia representativa, por su carácter contra-mayoritario. La democracia depende excesivamente de la capacidad económica y de los sectores empresarios.

Una muestra de la peligrosidad de un sistema como ese, dicen, es la concentración malsana de los medios de comunicación, que es también un factor distorsionante de la democracia.

La única solución posible a esta problemática —alegan— es la existencia de un Estado fuerte, que haga suyos los reclamos de la mayoría y que facilite el acceso de todos al ejercicio pleno de la ciudadanía, sin que las instituciones artificialmente creadas por la concepción liberal, pueda condicionarlo. La concentración de poder, sostiene, es imprescindible para la reforma socioeconómica necesaria y especialmente para combatir al capitalismo, a quien el populismo odia.

El devenir de la democracia

Refiriéndose a la América hispana, Enrique Krauze piensa que la democracia ha recorrido un camino suficientemente largo como para poder negarse a firmar su propia acta de defunción y que, si bien sus caídas han sido continuas y dolorosas, han estado lejos de ser definitivas.

La circunstancia actual parece ser una de esas situaciones y su actualidad abre un gran campo de posibilidades para la discusión de la democracia, ya que la ciudadanía manifiesta querer más democracia y no menos.

La aceptación general de la democracia como concepto muestra, como contrapartida, el bajo nivel de la calidad de las instituciones y, lo que es más grave, la falta de compromiso personal con el sistema y la ausencia de confianza en los elementos propios que el sistema requiere (como los partidos políticos, los órganos de justicia y los medios de comunicación). La desigualdad social, principal motor de las reivindicaciones populares, es siempre una amenaza latente a la continuidad institucional.

El gran peso de la experiencia negativa de una historia tumultuosa, producto de una falta de confianza y de resultados exitosos es una grave dificultad para el análisis objetivo. Todos esto genera un distanciamiento, una falta de participación y desinterés en la cosa pública, que afecta al sistema.

Un factor esencial será aprender las lecciones de este ciclo autoritario, que ha reflejado los problemas que tiene la región. Este ciclo no hubiera sido viable, si no hubiéramos cometido errores, tanto en los hechos como en la apreciación de la realidad de América no sajona.

Los fracasos acumulados son significativos y no pueden atribuirse a un único gobierno, a un solo grupo o a un partido político determinado. El surgimiento del populismo lleva a preguntarse por las causas que lo originaron y por las fallas previas.

Está claro que no será posible emprender la re-significación de la democracia sin ser acompañados por quienes tienen una visión diferente y que se extiende a sectores muy amplios de la ciudadanía. Sin ellos no habrá reconciliación o acuerdo posible.

El relato propio del populismo sumado a la concepción de la política como una confrontación amigo-enemigo, ha producido una separación importante en la sociedad, en la que abrió una enorme grieta. Hay quienes están dispuestos a llevar sus argumentos más allá de toda razonabilidad y también quienes se le oponen con igual intensidad. Pero afortunadamente, mucha gente está entre ambos y dispuesta a escuchar. Un primer paso será rechazar las versiones simplistas y extremas que han alimentado el enfrentamiento: . Una cosa son las reales discrepancias producto propio de un conflicto real y otra es la exacerbación de las diferencias.

La oportunidad parece propicia para el diálogo y el debate en nuestra América , después del freno que se le opuso al autoritarismo. La cuestión es ir al fondo del problema: discutir las falencias de la democracia y fortalecer su ejercicio.

Afortunadamente, la contienda reciente entre la democracia y el populismo se está resolviendo por una vía que es válida para ambas partes. Dado que las posiciones enfrentadas aceptan que las elecciones populares constituyen una base de legitimidad que es común a las dos (y no por golpes de estado o enfrentamiento armado como fue en el pasado), los cambios que se están produciendo a través del voto popular son aceptados universalmente. Este hecho abre un camino para el diálogo que puede ser alentador. Lo que importa ahora es evitar que la sensación de derrota signifique para una de las partes un fortalecimiento para el aislamiento y para incrementar la resistencia, y para la otra, pensarla como la solución final y total del problema. Por el contrario, debe ser considerada una ocasión para reflexionar. Para ambas partes.

Al haber superado el proceso por la vía democrática, podemos dejar atrás el trauma de la crisis y construir un poder sólido, con poderes fuertes, balanceados y consensuados.

Para alimentar el debate público sobre el problema institucional, se podrían proponer objetivos que consideren los problemas comunes y las posibilidades potenciales.

Sin embargo, hay una gran distancia entre identificar el problema y hacer algo al respecto. Un consenso en el diagnóstico no necesariamente produce un consenso en las soluciones ni sobre la pericia necesaria para llevarlos a cabo, pero es un terreno útil para la discusión y habrá que evitar que se planteen escenarios de imposible realización. Pensar cambios viables e ideológicamente neutros.

Para la búsqueda de consenso, habrá que partir de la premisa de que el diálogo presupone estar dispuesto a hacer concesiones: la política deja de existir cuando se la concibe con la lógica de un ejército en guerra. Los hechos recientes, como el acuerdo entre EEUU y Cuba muestran que se puede dialogar, concertar y discrepar sin necesidad de resignar los valores que cada parte sostiene.

Será necesario reconocer y considerar los argumentos de los otros, y estar dispuesto a concederles validez en el debate, para repensar los fundamentos institucionales, mejorando la calidad de las decisiones y edificar una infraestructura fuerte y efectiva, mejorando la gobernabilidad democrática.

El mundo que viene

No tenemos muchas certezas sobre el mundo que viene. La percepción no siempre se corresponde con la realidad y seguramente, el mundo ya no será como solíamos soñarlo. El Estado ya no puede ser tan pasivo como lo reclaman los liberales, pero tampoco el socialismo duro ha conseguido probar la viabilidad del suyo.

Para imaginar un camino, debiéramos asumir que la contraposición de bloques ha quedado atrás. Pensamos distinto, pero debemos construir un futuro común, diluyendo el fuerte antagonismo entre unos y otros. Dicotomías como capitalismo y socialismo; comunismo y anticomunismo; izquierda y derecha ya no sirven como categorías para descifrar el mundo complicado que deriva de la unificación de la economía, producto de la globalización en curso.

Siempre se pueden encontrar razones para odiar al capitalismo, pero también ha llegado el momento de reconocer su aporte en la creación de riqueza, y haber llevado al mundo, en algo más de dos siglos, a un situación donde la mayoría ya ha escapado del cepo de la pobreza y que ofrece al mundo un alternativa única para su desarrollo.

Como dice Giuseppe Vacca, desde el marxismo : *"la fuerza de los hechos se abre camino a paso ligero, pero el proceso de reconstrucción de las categorías con que son pensados es mucho más lento. El que no se viera ni siquiera tentado a abandonar senderos trillados* —agrega Vacca— *estaría muerto intelectualmente".*

Es la necrofilia ideológica, en palabras de Moisés Naim.

En la década de los 60, la moda intelectual intentaba predecir el futuro del mundo. Herman Kahn en su libro "El año 2000" preanunció el futuro a la vista de un inminente holocausto nuclear. Johan Galtung nos anunciaba las alternativas para la paz y la seguridad a través de cuatro caminos, como un futuro inmediato. Ya en los años 70 y 80, los Alvin Toffler y los John Nesbbit describían las condiciones del mundo, a través de shocks del futuro que explicaban la trama política, económica y social. Aunque errados, el aporte intelectual que significaron estos esfuerzos de síntesis fueron un gran aporte para interpretar la realidad y las condiciones del futuro próximo

El desarrollo del conocimiento en las últimas décadas, la aceleración exponencial del conocimiento hace imposible contar con esfuerzos como esos, que contemplen todas las variables para comprender el mundo que viene, tal como lo percibíamos. Ni siquiera está claro como preparar a las generaciones futuras, cuyo capital más importante será su versatilidad y capacidad de improvisar.

Mientras los países desarrollados ponen su energía en crear tecnologías que les permitan vivir mejor, la América de habla hispana está empantanada en discusiones acerca de un pasado, imaginado o real, que no ayuda a construir. Hay que asumir el desafío de crear, de descubrir, olvidarnos de los relatos y discutir ideas.

Habrá que abogar por modos de pensar el conflicto que contemplen la unidad en la pluralidad del género humano y la interdependencia, consecuencia inevitable de la globalización. Por supuesto, ello requerirá un esfuerzo autocrítico, dejando de lado la lógica de la confrontación que desterraba la búsqueda de un terreno común y nos obligará a entender, comprender y asimilar las razones del adversario.

En un libro reciente, Yuval Harari nos da elementos para ser más humildes y estar menos enamorados de nuestras ideas. Harari concibe a la humanidad como una evolución de las ideas cognitivas, que permite agruparse a los individuos. Según explica, *la mayoría de las personas no pueden conocer íntimamente a más de 150 seres humanos..."*, pero una vez que se cruza el umbral de los 150 individuos, las cosas ya no pueden funcionar de esa manera.

"Cómo consiguió el Homo Sapiens cruzar ese umbral crítico y acabar fundando ciudades que contenían decenas de miles de habitantes e imperios que gobernaban a cientos de millones de personas", se pregunta. *El secreto fue seguramente* -afirma- *la aparición de la ficción. Un gran número de extraños pueden cooperar con éxito si creen en mitos comunes".*

De acuerdo con esta tesis de Harari, toda cooperación humana a gran escala se establece sobre mitos comunes que existen tan solo en la imaginación colectiva de la gente, como las iglesias, que se basan en mitos religiosos comunes. Nuestras "verdades" no serían más que meras opiniones basadas en construcciones humanas. Lo que cada grupo humano tiene por realidad está constituido por ilusiones que se ha olvidado que lo son por su uso reiterado y compartido.

Algo ya diagnosticado por Durkheim, que imaginaba a la sociedad como un haz de sentimientos que enlazaba a los distintos componentes, cohesionándolos.

Si esta tesis es aceptable, debiéramos otorgarle más crédito y valor a los otros grupos con otras ficciones y aceptar las debilidades de las propias. Sería un buen inicio para discutir las falencias de nuestra democracia. Es posible también que le estemos exigiendo demasiadas cosas y que debiéramos ser más tolerantes con sus debilidades.

El rol de los intelectuales

Tal vez, la mejor manera de abrir el diálogo, sea a través del mundo académico. Ya Max Weber había constatado la diferencia entre los académicos y los políticos, distinguiendo entre la ética de la responsabilidad que guía a los políticos y que los hace responsables por las consecuencias que se originan en sus hechos y sus palabras, y la ética de la verdad de los intelectuales, que los libera de esa carga.

También el horizonte temporal es diferente para ambos: mientras los académicos pueden pensar y trabajar sobre plazos más largos, la metodología de la política prioriza los resultados a corto plazo.

En el mundo académico se valora más el disenso que en el mundo político, porque tiene un gran valor epistemológico, como sostenía Habermas, que presentaba a la democracia como un diálogo permanente que pone el acento en la discusión, en la forma en que se produce y en sus reglas y requerimientos mínimos.

En la discusión, los académicos tienen una tendencia más acentuada hacia la objetividad, si consideramos a la objetividad como la capacidad de ver la situación desde posiciones diferentes, sin que ello involucre a la neutralidad. Se puede ser objetivo sin ser neutral,

De esta manera, parecería natural que el diálogo se abra en el mundo académico, poniendo en la mesa aquellas cosas que condicionan nuestra visión de la democracia..

Como se ha dicho, hace más de 200 años, un grupo de hombres dio cabida al experimento político más importante y exitoso de la historia, creando un régimen que aun se mantiene con vitalidad. Un régimen que permite desde su creación convivir a visiones diferentes.

Quizás más que volver a John Adams o Thomas Jefferson, se trata de encontrar nuevos Adams y Jeffersons, que puedan comprender la realidad actual y la interpreten. Que descubran qué preguntas vale la pena hacerse y adoptar nuevos modos de responderlas.

Cádiz, mayo 2016.

ANEXOS

CARTA DEL NOMBRAMIENTO

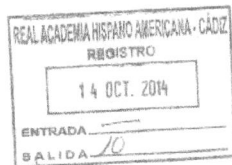

Ilmo. Sr.:

En Sesión Ordinaria de la Junta de Gobierno de esta Real Corporación celebrada el día 24 de Septiembre de 2014, a propuesta de la Excma. Sra. Dª María del Carmen Cózar Navarro, Ilmo. Sr. D. Enrique García-Agulló y Orduña e Ilma. Sra. Dª Ana Sofía Pérez-Bustamante Mourier, y cumpliéndose lo regulado por los vigentes Estatutos (Art. 8) y Reglamento de Régimen Interior (Art. 9 y 10), fue aprobado, por unanimidad de los Excmos. e Ilmos. Sres. Académicos asistentes, el Nombramiento de **Académico Correspondiente** de esta Real Academia, en Miami, Florida, Estados Unidos, a favor de V.I.

La Academia se congratula en expresar a V.I. su cordial enhorabuena y bienvenida.

Lo que comunico para el conocimiento y efectos oportunos de V.I., significándole que la entrega del Diploma y Medalla tendrá lugar en acto público a celebrar en fecha a acordar, debiendo enviar a esta Real Corporación "con la debida antelación, el tema sobre el que versará su conferencia de ingreso", así como un ejemplar de la misma para que sea visada por nuestro Académico-Censor.

En Cádiz, a Ocho de Octubre de Dos Mil Catorce.

Fdo. Fernando Sánchez García
Secretario General

Vº Bº
LA DIRECTORA,

Fdo. María del Carmen Cózar Navarro

ILMO. SR. D. GUILLERMO LOUSTEAU HEGUY
10710 NW 66 Street, Suite 514
MIAMI, FL. 33178 - USA

63

El director de la Academia, doctor Manuel Bustos Rodríguez, entrega la medalla académica al doctor Lousteau Heguy.

Presentación del doctor Enrique García-Agulló y Orduña.

El Dr. Lousteau lee su ponencia.

Medalla de la Academia.

SEMBLANZA DE LA ACADEMIA

La Real Academia Hispano Americana de Ciencias, Artes y Letras de Cádiz, hunde sus raíces en la antigua Real Academia de Ciencias y Letras, fundada en 1875, y tiene su Solemne Sesión de Constitución Pública con asistencia del Ministro de Estado –en representación de S. M. el Rey– y todos los representantes de los Países Hispanoamericanos acreditados en España, el 3 de Enero de 1910 en el Salón Regio del Palacio Provincial (donde, desde entonces, se celebran todas las Sesiones Solemnes).

El claro campo de trabajo de la Academia son el Arte, las Ciencias y las Letras e Hispano América, intentando ejercer una influencia sobre el destino común de las Naciones que conforman este área cultural que, conceptualmente, incluye todas las que en algún momento tuvieron relación con los Países que hoy radican en la Península Ibérica.

Por constituir, en el Continente Europeo, el primer intento formal y sistemático de tal índole, S. M. el Rey Don Alfonso XIII (q. s. g. h.) aceptó la Presidencia de Honor de la Academia, deferencia singular y sin precedentes.

A lo largo de su Historia han pertenecido a la Academia destacadas personalidades del mundo de las Ciencias, las Artes y las Letras, así como de la Política y la Milicia, tanto de España como de los Países Hispanoamericanos.

Como Corporación Oficial depende del Ministerio de Asuntos Exteriores, tiene su sede en la Histórica Ciudad de Cádiz y está integrada en el Instituto de España y en el Instituto de Academias de Andalucía.

Nacida y alojada, por derecho propio, en el Museo Iconográfico e Histórico de Las Cortes y Sitio de Cádiz (Museo Histórico Municipal) permaneció en él hasta la Explosión de la Base de Defensas Submarinas de Cádiz, en Agosto de 1947, y desde el año de 2006, se aloja en el Centro Cultural "Reina Sofía", edificio restaurado de carácter Histórico, construido en 1760, donde tuvo su sede el Real Cuerpo de Ingenieros Militares y que últimamente había alojado el Gobierno Militar de la Provincia. Tras su restauración, fue inaugurado por S. M. La Reina Doña Sofía, nuestra Académica de Honor, el 24 de octubre de dicho año.

En la actualidad, su Presidente de Honor es S. M. el Rey Felipe VI, Placa de Oro de la Corporación.

www.ingramcontent.com/pod-product-compliance
Lightning Source LLC
Chambersburg PA
CBHW060216290526
45789CB00003B/1287